AF370998

SAINT LOUIS,

ROI DE FRANCE,

JUSTIFIÉ PAR LUI-MÊME,

AU SUJET

DES CROISADES.

A BRUXELLES,

Et se vend à Paris,

Chez DEMONVILLE, Imprimeur de l'Académie Françoise.

A Cambrai,

Chez DEHON, Libraire, sur la grande Place.
Et chez tous les Libraires de Lille.

M. DCC. LXXXV.

SAINT LOUIS,

ROI DE FRANCE,

JUSTIFIÉ PAR LUI-MÊME,

AU SUJET

DES CROISADES.

U NE querelle récemment élevée entre quelques Savans, au sujet des Croisades de Saint Louis, a donné lieu à cet opuscule, dont tout le but est de faire voir, que le seul moyen de justifier le saint Roi sur ces entreprises, est de les considérer uniquement du côté de la Religion, qui en a été l'unique mobile, & qui seule a dicté les résolutions du religieux Monarque, comme elle a guidé tous ses pas, & présidé à toutes ses démarches : c'est donc Louis tout seul que je veux interroger, pour savoir de lui-même quelles furent ses vues dans ces guerres si fameuses & si souvent mal jugées, sur-tout dans ce siécle prétendu philosophique, qui n'assigne pour cause des plus beaux exploits, que la fougue des passions turbulentes, ou les loix bisarres d'un méchanisme enchaîné par l'aveugle & irrésistible fatalité du destin. Je l'interroge ce Héros vraiment chrétien ; il me répond, j'entends sa voix ; c'est lui qui parle, en développant les dispositions les plus secrettes de sa belle ame, toutes calquées sur les vérités sublimes de la Religion sainte qu'il professe, & dont il est tout pénétré. Il est un Dieu, dit-il, créateur tout-puissant, qui, d'un seul son de voix, fit éclore du sein même du néant, le ciel, la terre, l'homme, & tout ce qui respire, tout ce qui existe. Il est donc le maître absolu de toutes les créatures, ouvrage de ses divines mains , & toutes sont obligées de lui obéir, en volant à ses ordres. C'est lui, ce Dieu tout-puissant, qui distribue les couronnes & les enleve à son gré, parce qu'il est le Roi des Rois, le souverain Dominateur des Arbitres du monde , qui ne font rien en sa présence , non plus que le monde entier lui-même, qu'il peut replonger dans le néant avec la même facilité qu'il l'en fit sortir. Il a le droit incontestable de renverser les plus fameux Empires, les plus florissantes Monarchies , puisqu'il les a librement établis. Premier principe de toutes choses , il en est encore la derniere fin. Il a tout fait pour sa gloire ; & dans la manière de se la procurer cette gloire incommunicable, ses pensées sont bien supérieures à celles des hommes , & ses voies plus éloignées des leurs, que le ciel ne l'est de la terre. Son bon plaisir est la seule loi qu'il consulte pour abaisser les mortels ; & il y a plus de gloire pour lui, de contempler un Monarque humilié, brisé, écrasé sous sa main, cependant soumis, résigné, plein de respect pour sa conduite, adorant ses jugemens profonds, baisant la main qui le frappe ; que s'il le voyoit glorieux, triomphant, redouté de ses ennemis, adoré de ses sujets. Faut-il bouleverser les Royaumes & les Empires, pour sauver ou pour perfectionner une seule ame ? Il le fera en se jouant, parce que le salut & la perfection d'une seule ame, qui appartiennent à l'ordre surnaturel, lui rendent plus de gloire, que le meilleur gouvernement du monde entier, dans l'ordre purement naturel.

Vérités précieuses de la Religion chrétienne, seule capable de les enseigner, d'en donner le goût, de les faire pratiquer, vous fûtes la base de la conduite de Louis, le mobile de ses entreprises, la regle invariable de ses démarches & de toutes ses actions. Il tourne donc ses yeux mouillés de

pleurs vers les contrées de la Palesti-
ne , ces contrées autrefois si florif-
fantes, & qu'il ne voit plus que comme l'affreux féjour de la plus extrême
défolation pour les Chrétiens qui les
habitent , en gémiffant fous l'efcla-
vage des Infidéles. A cette trifte vue
de fes freres opprimés , les entrailles
de Louis font émues, l'amour de la
Religion l'enflamme , le zèle de la
gloire de Dieu le dévore ; il forme ,
malgré la Reine Blanche fa mere &
tout fon Confeil, le généreux projet
d'arracher à la tyrannie de leurs bar-
bares vainqueurs, ces victimes infor-
tunées , qui ne lui font pas moins
cheres que fes propres enfans.

Cependant une cruelle dyffenterie
le met bien vîte aux portes du tombeau ; il perd connoiffance, déjà on
le croit mort , & s'il recouvre la pa-
role, le premier ufage qu'il en fait,
c'eft pour demander la Croix, & s'é-
crier en la recevant, qu'il eft guéri.
Il fait donc favoir aux Chrétiens de

la Paleſtine, qu'il s'apprête à les ſe-
courir : il part à la tête d'une armée
nombreuſe.

Arrivé à l'île de Chypre, il rétablit
la paix parmi les Inſulaires, moitié
Latins, moitié Grecs, & retire ceux-
ci du ſchiſme. Il réuſſit enſuite à ré-
concilier les Chevaliers du Temple
avec ceux de Saint Jean de Jéruſalem,
& il goûte la douce ſatisfaction, ſi
chere à ſon cœur, de convertir plu-
ſieurs Sarraſins, frappés de ſes vertus
& de ſa ferveur à prier aux pieds des
autels. Il emporte la ville de Damiette,
l'une des plus fortes Places de l'É-
gypte ; & après les purifications uſi-
tées en ces rencontres, il y fait célé-
brer avec autant de pompe que de
joie, les ſaints Myſteres dans la prin-
cipale moſquée. Mais bientôt, les
choſes changent de face ; le Vain-
queur de Damiette eſt pris par les
Sarraſins, qui rendent juſtice à ſa
conſtance, en s'écriant, que *c'eſt le
plus fier Chrétien qu'ils aient jamais*

connu. L'un d'eux lui présente la pointe de son épée, en lui disant : *Choisis*, ou *de périr de ma main*, ou *de me donner dans le moment, l'Ordre de Chevalerie. Fais - toi Chrétien*, répond l'intrépide Monarque, *& je te ferai Chevalier.* Veut-on lui faire jurer l'observation d'un traité par des paroles pleines d'imprécations ? *A Dieu ne plaise*, dit-il, *quoiqu'il en puisse arriver, que de telles paroles sortent jamais de la bouche d'un Roi de France. J'aime mieux mourir en bon Chrétien, que de vivre dans le courroux de Dieu.*

Louis revient en France, après avoir couru des dangers sans nombre sur terre & sur mer, au château de Vincennes le 5 Septembre 1254. Il abandonne une seconde fois son royaume en 1270, pour porter la guerre en Afrique, avec une armée formidable de Croisés, dans l'espé-rance de convertir le Roi de Tunis, qui, depuis quelque temps, entretenoit des correspondances avec lui, & le flattoit de sa conversion. Louis avoit fait dire à ce Prince, qu'il la desiroit si ardemment cette conversion, qu'il passeroit volontiers le reste de ses jours dans les fers, s'il pouvoit, à ce prix, lui obtenir du Ciel, ainsi qu'à son peuple, la grace du baptême. Il descend donc sur le rivage de Tunis ; mais les chaleurs excessives de ce pays brûlant, cause bientôt une maladie épidémique, qui emporte en peu de jours la moitié de l'armée ; Louis lui-même en est frappé, & sent dès les premiers jours qu'il n'en guérira pas. Bientôt, il ne lui reste de force, que ce qu'il lui en faut, pour faire ses derniers adieux au Prince Philippe son successeur, & lui donner ses instructions. Il reçoit les derniers Sacremens dans les doux transports de la foi la plus vive, de la plus tendre piété, & avec le même calme, la même sérénité, la même présence d'esprit, que s'il eût joui d'une santé

parfaite. Enfin le tombeau s'ouvre, &
& Louis y defcend, non à regret, ou
en blafphémant contre le Ciel, mais
en le béniffant mille fois du fort qu'il
lui a préparé ; non en repouffant avec
chagrin, mais en baifant amoureufe-
ment la main du Très-Haut qui s'ap-
pefantit fur lui, & en ne voyant en
elle que la main d'un Pere, qui puri-
fie fon enfant par la voie de l'humiliation, pour le couronner après l'a-
voir abaiffé. Ainfi meurt dans la cin-
quante-fixiéme année de fon âge, &
la quarante-quatriéme de fon regne,
Louis IX, Roi de France, plus heureux mille fois à fon gré, de mourir
dans les fers pour la gloire de fon
Dieu, que s'il eut régné long-temps
fur les Trônes réunis des Mufulmans
& des François, au milieu des arcs-
de-triomphe chargés d'infcriptions
faites pour immortalifer & porter au
loin fes victoires.

Voilà Louis IX, Roi de France ;
tel il fut à la vie & à la mort. Il s'agit

de le juger ſur le fait des Croiſades. Le juger! Eh! n'eſt-il pas déjà jugé? A-t-il beſoin d'autres Juges que lui-même, & la Religion ſainte, dont les vérités ſublimes furent les ſeuls flambeaux, qui guiderent tous ſes pas? Où les faits éclatans & les plus ſecrettes diſpoſitions de l'ame parlent, décident en faveur du Monarque, toutes les ſpéculations ne deviennent-elles pas inutiles, tous les examens ſuperflus? J'oſe le dire hardiment: ici, nul mélange de ſacré & de pro-fane, de zèle divin & de politique humaine; ou Louis eſt un grand Saint, ou c'eſt le Prince le plus inhu-main, comme le plus injuſte: point de milieu.

C'eſt un Prince injuſte & inhu-main, ſi par la manie des conquêtes, ou par l'impulſion ſecrette de quel-qu'autre motif humain que ce puiſſe être, & ſans aucun droit, ſans ombre de juſtice, ſans ſageſſe, ſans pruden-ce, ſans vouloir écouter ni Mere, ni

Pasteur, ni Conseillers, ni confidens, ni amis, qui tous s'efforcent de le détourner de son dessein ; sans prendre conseil que de lui-même & de son invincible opiniâtreté, il s'obstine à quitter deux fois son Royaume pour aller au-delà des mers, envahir, s'il le peut, des possessions étrangeres, & massacrer leurs Possesseurs légitimes, en foulant aux pieds les droits sacrés des Nations, & en immolant à son indomptable ambition l'élite de ses propres Sujets. Conquérant inique ! usurpateur cruel ! tyran barbare !

Mais si, comme il est indubitable, Louis n'offre dans sa personne & dans toute sa conduite qu'un Prince & un Héros Chrétien, tout brûlant de zèle pour la gloire de son Dieu & & le salut de ses freres ; un Héros également pieux, tendre & sensible aux malheurs des Chrétiens, qui gémissent opprimés sous le joug des Infidéles, & qui l'invitent par leurs cris redoublés, à venir promptement briser leurs fers ; un Héros enfin qui méprise souverainement la terre, qui ne soupire qu'après le Ciel, & qui eft toujours prêt à fe précipiter de fon Trône, s'il le faut, pour gagner une feule ame à Jefus-Chrift ; alors, il en faut convenir, Louis eft un Saint, un grand Saint, un Saint tout-à-fait extraordinaire, & d'autant plus extraordinaire, qu'il meurt tranquille, content, joyeux à la vue de fa défaite & du triomphe de fes ennemis, parce que le Ciel en a porté l'arrêt.

Ici, je reconnois la force furhumaine, qui éleve l'homme au-deffus de tous les maux de la vie préfente, & de la mort même la plus humiliante, par un efprit de foumiffion aux décrets de l'Eternel, qui trouve fa gloire & la marque de la fouveraineté de fon domaine abfolu, dans l'abaiffement de fa créature, dont il eft le maître de faire tout ce qu'il veut, fans qu'elle puiffe l'interroger en lui demandant , *pourquoi faites - vous ainfi ?*

Ici, le Ciel lui-même reconnoît fon ouvrage. C'eft lui, oui, c'eft le Ciel qui a choifi , opéré la mort de Louis, comme un monument impériffable de l'héroïfme de la vertu d'un Jufte, qui meurt gaiement au fein de l'humiliation, & qui, par fa mort, rend plus de gloire à Dieu , que s'il vivoit, même pour le fervir, faftueufement chargé de toutes les Couronnes du monde.

Tel fut Louis IX, Roi de France, & tels furent encore long-temps après lui, deux de fes auguftes defcendans, qui l'avoient pris pour modèle. Je parle de Louis Dauphin , Duc de Bourgogne, pere de Louis XV, mort dans fa trentième année en 1712, & de Louis Dauphin, fils de Louis XV, & pere de Louis XVI, heureufement régnant. Ces deux auguftes Princes, dont la mémoire ne périra jamais, on les vit expirer joyeux, contens, & fans que la perfpective, fi charmante pour tant d'autres, du plus beau Trône de l'univers, auquel leur naiffance les appelloit, fût capable de leur dérober un feul regard.

O vous donc, Hiftoriens ou Panégyriftes du plus faint de nos Rois ! qu'il me foit permis de vous le dire, & pardonnez-le à l'ardeur de mon zèle pour la gloire même de vos fuccès, fi j'ofe vous repréfenter, que quand il faut apprécier les Croifades de Louis, fa fainteté toute feule doit être votre bouffole, & fa fublime maniere de penfer en fait de Religion, votre unique point d'appui. Dieu qui, maitre abfolu de toutes fes créatures, appelle Louis dans des plages lointaines pour la délivrance de plufieurs captifs & le falut de quelques ames, pour le porter lui-même au faite de la fainteté qu'il lui a deftinée dans fes éternels décrets, & pour fe glorifier dans fa perfonne, d'une fa-

çon bien supérieure à toutes les pensées des hommes. Louis, qui vole à la
voix qui l'appelle, avec cette gran-
deur d'ame, cette noble fierté de courage, cette hauteur de sentiment, qui
l'élevent bien au-dessus de toutes les
considérations de la chair & du sang :
voilà Louis dans ses Croisades, & le
seul moyen de le justifier à cet égard,
ainsi que l'encens dont nous parfu-
mons ses autels.

F I N.

DISCOURS

Qui auroit été prononcé dans l'Église des Dominicains de la ville de Lille en Flandre, le 18 Juillet 1784, à l'occasion de la Bénédiction des Drapeaux du Régiment de Lorraine, qui y fut faite par Son Altesse Sérénissime LE PRINCE DE SALM-SALM, si l'invincible modestie du Pontife ne s'y fut opposée.

MONSEIGNEUR,

SI le choix que M. le Duc de Mortemar, autant & plus recommandable encore par ses qualités personnelles, que par sa haute naissance, a fait de notre Eglise, pour l'auguste cérémonie, dont Vous allez être le premier Miniſtre, Monseigneur; ſi ce choix nous honore, il ne nous flatte pas moins, par l'ineſtimable avantage qu'il nous procure, d'offrir l'hommage de nos profonds reſpects à Votre Altesse Sérénissime, que ſes vertus épiſcopales & ſociales de concert, rendent chere à tous ſes Diocéſains de l'une & de l'autre domination. Mais déjà, je l'apperçois, ſa craintive modeſtie prend l'alarme, & m'ordonne d'entrer dans l'eſprit de la pieuſe cérémonie, qui nous aſſemble : j'obéis.

Dieu, ce grand Dieu qui porte le monde entier d'un de ſes doigts en ſe jouant, n'eſt pas moins le Dieu de la guerre & des armées, que de la paix. C'eſt lui qui préſide aux combats; c'eſt lui qui donne ou qui ôte le courage aux combattans; c'eſt lui qui force le courſier fougueux à reſpecter le frein qui le maîtriſe, ou le lui fait mépriſer. C'eſt lui qui diſpenſe la Victoire à ſon gré, en l'obli-

geant de suivre dans sa marche triom-
phante, les drapeaux qu'il lui assigne.

Quelle peut donc être l'esprit de
l'Eglise, & que se propose-t-elle en
bénissant ces Drapeaux militaires ?
L'Eglise, en bénissant les Drapeaux
militaires, supplie son divin & tout-
puissant Epoux, d'imprimer à ces
bénites Enseignes, une vertu victo-
rieuse contre tous les injustes aggres-
seurs de l'Autel & du Trône. Elle
se propose d'enchaîner la Victoire à
ces Bannieres qu'elle consacre, en
leur attirant d'en-haut ces secours
dompt   , qui répandent l'alarme,
jettent epouvante, mettent le dé-
sordre & la confusion dans les camps
des ennemis de la justice & de la paix,
ces violens perturbateurs du repos de
l'univers, qui ne craignent pas de
troubler, à main armée, la tranquillité
des Empires, & de violer, à force
ouverte, les droits sacrés des Nations.

Et voilà les secours effrayans,
foudroyans, que le Ciel propice à

os vœux, va communiquer, par
otre miniſtère, digne PONTIFE du
rès-Haut, l'Arbitre ſuprême du ſort
es armées, aux Étendarts du régi-
nent de Lorraine.

Le régiment de Lorraine! Quel
om! Nom célèbre dans tout l'uni-
ers, & qui nous ſera toujours infi-
iment précieux & doux, ne fut-ce
ue pour les bienfaits, dont nous
ommes redevables à Madame Eliſa-
eth de Lorraine, Princeſſe douai-
iere d'Epinoy. L'illuſtre Princeſſe
x déſolée Mere, voulant perpétuer
i mémoire d'un Fils unique, le Prince
ouis de Melun, hélas! triſtement
noiſſonné par la mort impitoyable,
u printemps de ſes jours & à l'aurore
'un brillant état, lui fit dreſſer, en
leurant le cher objet de ſa tendreſſe,
e Mauſolée ſuperbe, qui fait l'admi-
ation des connoiſſeurs & le plus bel
rnement de notre Egliſe.

Vous allez donc, MONSEIGNEUR,
énir des Drapeaux deſtinés à glacer

d'effroi les ennemis de la France,
commandant à la Victoire, au no
même du Dieu des armées, de se ten
collée aux Enseignes de son Ro
Louis XVI, ce digne Héritier
trône & des vertus du plus saint
nos Rois : Louis XVI, ce vertue
& pacifique Monarque, qui a d
Armées nombreuses, des Solda
pleins de bravoure, des Générau
habiles, des Ministres expérimentés
intelligens, sages, pénétrans, no
pour verser injustement le sang de
hommes, & moissonner des palme
déshonorantes, en gagnant des batai
les homicides, par la fureur des co
quêtes & la manie de la gloire ; ma
pour l'épargner ce sang humain, &
le contenir dans les veines qui le ren
ferment ; pour réunir les esprits d
visés, éteindre les torches de la di
corde, maintenir ou rappeller la paix
la charmante, la desirable paix : Lui
ce nouveau Salomon, ce Pacificateu
des deux mondes, & l'Arbitre de leur
différends ; ce Roi selon le cœur d

Dieu, l'amour & les délices de ses Sujets, parce qu'il veut les rendre heureux, & qu'il en est tout-à-la-fois & le Pere & le modèle.

Daignez donc, ô grand Dieu, veiller sur ses jours, & en prolonger le tissu précieux bien au-delà des bornes de la frêle vie des mortels ! Puissiez-vous lui accorder un Regne aussi long, aussi glorieux & aussi prospére que celui dont nous nous flattons, & qui fait l'objet de nos vœux les plus ardens ! Et vous, Louis, vous le plus saint des Monarques de la France, & la Tige glorieuse du Rejetton florissant qui la gouverne sur vos traces, ah ! du sein de l'immortalité, où vous volâtes en mourant dans les fers, protégez & le Roi votre Fils, ce Fils si digne de Vous, & son auguste Epouse, avec le Fruit précieux qu'elle porte dans son sein Royal, & toute sa Royale Famille, & tous les Princes de son sang, & son Royaume tout entier !

F I N.